AF575066

Andrews and McMeel, Inc.
A Universal Press Syndicate Company
Kansas City • New York • Washington

ZIGGY™ is syndicated internationally by Universal Press Syndicate

For information write Andrews and McMeel, Inc., a Universal Press Syndicate Company, 4400 Johnson Drive, Fairway, Kansas 66205.

ISBN: 0-8362-1968-6
Library of Congress Catalog Card Number: 81-65626

..OBSERVE LADIES AND GENTLEMEN, HOW MUCH SMALLER MEN WERE IN OLDEN TIMES !!

YOUR WEIGHT AND HEIGHT
..TALK ABOUT MINORITY DISCRIMINATION!!

YOUR WEIGHT AND
FORTUNE

. . . You are 3 feet tall, 2 feet wide and weigh 42 pounds

. . . YOU NEED HELP!

CARPET

..IS YOUR MOTHER HOME?
CHILDREN'S BOOKS

YOU PROBABLY DON'T REMEMBER ME...
...I'M YOUR OLD SCHOOL TEACHER,
I REMEMBER YOU WHEN YOU WERE JUST THIS HIGH!

MENU

I KNEW YOU'D ORDER THAT!!... SHRIMP FOR THE SHRIMP! HA HA HA HO HO HO HEE HEE HEE!!

SHORT ORDER
COOK WANTED
...SORRY,
YOU'RE TOO SHORT!

...OF COURSE THEY FIT SOME PEOPLE A LITTLE BETTER THAN OTHERS!!
ROBES
ONE SIZE FITS ALL

THE FOLLOWING PROGRAM MAY NOT BE SUITABLE FOR SHORT PEOPLE !!

SHORT PEOPLE
..i'D LiKe To MeeT THe GUY WHO WROTe THAT SONG, ...i'D PUNCH HiM RiGHT iN THe KNee!!

...AND HOW LONG HAVE YOU HAD
THIS FEELING OF INFERIORITY
ABOUT YOUR SIZE, SHORTY... ER..
...I MEAN, ZIGGY.....

ELEVATOR
SHOES

UP PLEASE...

LISHEN SHORTY...
YOU AGREE WITH
ONE MORE THING
I SAY, AND I'M GONNA
SOCK YOU RIGHT IN
THE BEEZER !!!

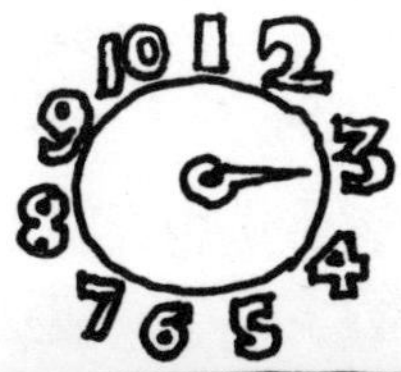
10 1 2
9 3
8 4
7 6 5

STEP UP
PLEASE!!

...HELLO...THIS IS DIAL-A-JOKE... DIDJA HEAR THE ONE ABOUT THE SHORT, BALD-HEADED GUY WITH THE BIG NOSE...?....

DATING SERVICE

MR. ZIGGY, WOULD YOU MIND DATING A GIRL TALLER THAN YOU?

i'M WHAT YOU CALL STOUT...
i NeveR GReW UP....

...i JUST GReW OUT !!

目 录

阅读方法指导

（一）名著的阅读方法

在阅读名著之前，我们需要对作者的有关情况进行了解，包括作家生平、家庭背景、生存状况等等，这无疑将有助于我们对作品内容的理解与欣赏。不少名著都是长篇巨制，故事情节复杂多变，创作手法各异，只有理清故事情节、把握人物形象，才能真正做到操控全篇。阅读时，我们还须掌握“速读”与“精读”这两种方法，并做到二者的有机结合。速读是为了了解作品的主要内容，体会作品的基本思想。精读时要随时动笔，圈点勾画、批注摘抄，做到“不动笔墨不读书”。

（二）科幻小说的阅读方法

首先，不能将科幻小说与科普作品等同起来。科幻小说虽然有科学性，具有科普功能，甚至有些科幻小说还具有预言和启发科学发明的功能，但它仍然是文艺作品，不能与科普作品相等同。对于科幻小说，只要它倡导的是一种严肃的科学精神，具有好的创意和深刻的内涵，能够发人深省，就不必对其吹毛求疵。

其次，阅读科幻小说要注意科幻小说的创意，提高创造性思维能力。科幻小说不同于一般的小说，是因为它描写的是现实生活中一般不太可能发生的事情，这就需要不同于一般的创造性思维。好的科幻小说都有好的创意，可以开拓读者的创造性思维能力，青少年读者阅读科幻小说时，应多注意科幻小说的创意。

再次，阅读科幻小说仍然要关注现实，将科幻思维融入日常生活中，提高处理疑难事物和人际关系的能力。科幻小说虽然以现实生活的经验为基础，但仍然是一种幻想性的文学。于是，有些读者阅读科幻小说时，把读科幻当作逃避现实的一种方式，这种做法不可取。阅读科幻小说，要培养敢于想象、敢于提出不合常规的观点的能力，使自己更适应未来发展的多样性。

最后，不要把灾难题材的科幻小说与宣传世界末日的异端邪说相等同。有相当一部分的科幻小说以今天人类的某些失误为出发点，描述了如此下去将产生的可怕未来，给人以警示作用。这样的作品与宣传世界末日的异端邪说有着本质的区别，不能等同视之：科幻小说用反向的夸大激励读者对科学的关注，激发他们纠正失误、创造美好未来的强烈动机；而异端邪说扭曲现实，使人绝望和颓废。

无论是哪种题材的科幻小说，读者应该铭记于心的是，科学幻想从来不是对想象力的放纵，而是有控制的想象，正因为对想象的控制，才使作品产生了无穷的魅力。好的科幻小说之所以能够震撼人心，是因为作者通过高超的写作技巧组织起来的严密叙述，会让阅读者产生强烈的真实感。我们在阅读科幻小说时，要注意体会作者想象力的张弛，同时，也要注意作品中的人物是如何承载作家的写作意图和实现小说向前推进的功能，注意作者是如何铺设情节的。

阅读必知

作者关键词

1 作者介绍

儒勒·凡尔纳(1828—1905),法国小说家、博物学家,现代科幻小说的开创者之一。他一生写了六十多部科幻小说,主要作品包括《地心游记》《从地球到月球》《海底两万里》《八十天环游地球》《神秘岛》等。这些作品都洋溢着凡尔纳对科学的热爱和对宇宙无限奥秘的探索情怀,确立了其现代科幻小说奠基者的地位,也使他获得了"现代科学幻想小说之父""科学时代的预言家"的称号。

2 名家眼中的作者

◆ 儒勒·凡尔纳让我认识到,主人公们应该扔掉长剑,拿起手枪了。

——[法]小仲马

◆ 他(凡尔纳)的目的在于概括现代科学积累的有关地理、地质、物理、天文的全部知识,以他特有的迷人方式,重新讲述历史。

——[法]埃泽尔

◆ 凡尔纳不仅否认自己是海底航行的发明者,还声称自己从未对科学有过特别的兴趣——而"只是对用它来创作发生在异域的戏剧性故事特别感兴趣"。"事实上,他作为科幻小说之父的声望已经导致了对他文学价值认识的一个严重模糊化。"

——[法]威廉·鲍卓贤

3 作者轶事

凡尔纳的退稿

1863年冬天的一个上午,凡尔纳刚吃过早饭,正准备到邮局去,突然听到一阵敲门声,他开门一看,原来是一个邮递员。

邮递员把一包鼓囊囊的邮件递到了凡尔纳的手里。一看到这样的邮件,凡尔纳就预感到不妙,自从他几个月前把他的第一部科幻小说《乘气球五周记》寄到各出版社后,收到这样的邮件已经有十四次了。

他怀着忐忑不安的心情拆开一看，上面写道："凡尔纳先生：书稿经我们审读后，不拟出版，特此奉还。"

每看到这样一封封退稿信，凡尔纳心里都是一阵绞痛。这次是第十五次了，还是未被采用。凡尔纳此时已深知，那些出版社的"老爷"们是如何看不起无名作者。他愤怒地发誓，从此再也不写了。

他拿起手稿向壁炉走去，准备把这些稿子付之一炬。他的妻子赶过来，一把抢过书稿紧紧抱在怀里。此时的凡尔纳余怒未息，说什么也要把稿子烧掉。

他妻子急中生智，以满怀关切的语言安慰丈夫："亲爱的，不要灰心，再试一次吧，也许这次能交上好运的。"听了这句话以后，凡尔纳夺书稿的手，慢慢放下了。他沉默了好一会儿，然后接受了妻子的劝告，又抱起这一大包书稿到第十六家出版社去碰运气。

这次没有落空，读完书稿后，这家出版社立即决定出版此书，并与凡尔纳签订了20年的出版合同。

写作的秘密

法国著名科普作家凡尔纳每天早上5点钟起床，一直伏案写到晚上8点。在这15个小时中，他只在吃饭时休息片刻。当妻子来送饭时，他搓搓酸胀的手，拿起刀叉，很快填饱肚子，抹抹嘴，又拿起了笔。他的妻子关切地说："你写的书已经不少了，为什么还那么抓紧时间写作？"凡尔纳笑着说："你记得莎士比亚的名言吗？放弃时间的人，时间也放弃他。哪能不抓紧呢？"在40多年的写作生涯中，他记了上万册笔记，写了104部科幻小说，共有七八百万字，这是一个多么惊人的数字！一些感到惊异的人就悄悄地询问凡尔纳的妻子，想打听凡尔纳取得如此惊人成就的秘诀。凡尔纳的妻子坦然地说："秘密吗，就是凡尔纳从不放弃时间。"

成书背景及寓意

19世纪以后诞生的科幻小说（像《海底两万里》），是欧洲工业文明崛起后特殊的文化现象之一。人类在19世纪，全面进入以科学发明和技术革命为主导的时代后，一切关注人类未来命运的文艺题材，都不可避免地要表现未来的科学技术。而这种表现，在工业革命之前是不可能的，毕竟在第一次工业革命以后，人们感受到了自身力量的飞跃，由此也产生了更多集体性的科学想象，由此也成就了诸多科幻小说兴起的这样一个社会背景。

作者凡尔纳自幼热爱海洋，向往远航探险。11 岁时，他曾志愿上船当见习生，远航印度，结果被家人发现把他接回了家。为此凡尔纳挨了一顿狠揍，并躺在床上流着泪保证："以后保证只躺在床上在幻想中旅行。"也许正是由于这一童年的经历，客观上促使凡尔纳一生驰骋于幻想之中，创作出如此众多的著名科幻作品。《海底两万里》是其中一本最出名、最成功的科幻小说。

主要内容概述

1866 年，在大海的不同地方，一些船只发现了一个闪闪发亮的怪物，它身长数百米，偶尔浮出水面。在不少船只受到这怪物攻击而沉没之后，美国政府派出护卫舰"林肯号"前去跟踪追捕。法国生物学家阿罗纳克斯应邀参加，这个巴黎自然历史博物馆的教授，曾经撰文探讨过这个海洋怪物，认为它是一头巨大的独角鲸。"林肯号"在大海里游弋了三个星期，却一无所获。一天晚上，教授正在甲板上欣赏夜景，猛然发现漆黑的水面突然闪现奇异的光，接着冒出一个庞然大物。临近时加拿大捕鲸高手内德·兰德猛力投出锋利的渔叉，只听"当"的一声，仿佛撞击在钢板上，毫无作用。护卫舰便开炮射击，可是炸弹均被怪物的尾部弹出，溅起一片浪花。怪物似乎被激怒了，从头上喷出两股水柱，向护卫舰右舷猛力袭来，随着轰隆一声巨响，教授、他的仆人孔塞伊和捕鲸手三人被抛入水中，他们阴差阳错爬到怪物身上，才发现原来怪物是一艘潜艇，后来他们被带入潜艇，关进一间铁屋子里。两位陌生人进来向他们致意，可是教授试用了几种语言，他们都听不懂。正在为难之时，他们的主人出现了。他身材高大，目光炯炯，用法语作了自我介绍。他叫尼摩，自称与整个人类断绝了关系。他说虽然他们已成了他的俘虏，但仍享有在潜艇里活动的自由。只是为了保密，他不会放他们离开，而且要求他们唯命是从。教授虽然对失去自由感到难过，但是他还是被神秘的潜艇和海底的奥秘所吸引。在尼摩的邀请下，他们三人参观了他亲自设计建造的“鹦鹉螺号”潜艇。尽管它的部件是拼凑起来的,可船体坚固,结构合理,承受得起海水的冲击和高压。艇内有漂亮的客厅,舒适的卧舱,图书阅览室和娱乐场。潜艇的电力是从海水里提取,能在海底停留很长时间。食物也是取自海洋,有些美味的鱼教授从未品尝过。布是由海洋纤维织成,烟叶来自海草。尼摩还让他们参观了猎取海洋动物的枪支和便于在海底行走的装备。“鹦鹉螺号”在太平洋里潜行。教授透过玻璃窗,一路观赏着光怪陆离的海底景象和五光十色的深海生物。途经克雷斯波岛时,尼摩派人送来纸条,邀请他们三人到海底森林打猎。于是他们穿上潜水服,背上氧气瓶,手持特制猎枪,走在海底平原上。尼摩举枪射中一只大海獭,然后又杀了一只信天翁,满载而归。潜艇到达格波罗阿尔岛附近时,教授他们三人决定上岸寻找蔬菜和野味。起初,他们运气不错,打死了几只袋鼠和一头野猪,采摘了不少水果。正当他们在沙滩上架起篝火准备烤肉时,突然受到土著人的袭击。他们慌忙逃进小艇,驶向停泊在海中的潜艇。可是土著人乘上木筏,紧追不舍。即使教授他们爬上潜艇,下了底舱,土著人仍然围着潜艇,不肯散去。第二天一早,潜艇开舱换气时,土著人果真纷纷爬上船来。可是他们的手一碰到栏杆,就惊叫着退缩了回去,原来金属栏杆全部通了电。潜艇驶入印度洋,在锡兰岛附近,尼摩邀请教授他们到海底参观采珠场。这里盛产珍珠,最大的价值可达二百万美元。教授兴趣盎然地观看印度人在海底采珠。突然,一条巨鲨张着血盆大口向印度人袭去,尼摩当即手执短刀,挺身上前与鲨鱼展开搏斗,内德·兰德举叉相助,正中鲨鱼心脏。尼摩随即把采珠人托出水面,还从自己口袋里取出几颗珍珠送他。教授从心底敬佩尼摩舍己救人的精神,并由此知道尼摩事实上没有断绝与人类的交往。“鹦鹉螺号”从红海进入地中海花了不足20分钟。它是通过尼摩发现的海底通道潜行的,那时还没有苏伊士运河。一路上,教授发现了不少惊人的事情。船至卡尔帕托斯岛时,尼摩从柜子里取出许多黄金,派人乘小艇送出去。后来当潜艇驶入大西洋,停泊在维哥湾海底时,尼摩又派他的船员潜水从海底沉船里搬上来装满金银财宝的箱子。原来尼摩是利用打捞沉船里的财宝救济穷人和从事科学探险的。在大西洋海底,尼摩陪着教授参观沉没已久的大陆——亚特兰蒂斯。他们观赏了海底火山喷口吐出硫磺火浆的奇景，也察看了已成废墟的庞贝城。潜艇又向南极进发，它在成群结队的鲸鱼中间穿行。当抹香鲸向长须鲸进攻时，尼摩出于对弱者的同情，指挥船员攻击抹香鲸。在此后的航行中，他们历尽艰险，一会儿是冰山封路，一会儿是章鱼围攻，一会儿又是敌舰偷袭。尼摩以惊人的毅力和智慧，指挥全体船员，战胜了一切险阻。历经海底两万里环球航行之后，潜艇在挪威西海岸遇上了可怕的大漩涡。教授无法知道潜艇卷入大漩涡之后的遭遇，因为他和他的同伴在被卷入漩涡之前逃离了潜艇，在挪威的一个小岛上侥幸脱险，而潜艇已毫无踪影了。

主题点睛

《海底两万里》描绘的是人们在大海里的种种惊险奇遇。美妙壮观的海底世界充满了异国情调和浓厚的浪漫主义色彩，体现了人类自古以来渴望上天入地、自由翱翔的梦想。小说不但能激发人们对科学的兴趣，而且塑造了尼摩艇长等反抗压迫的战士的形象，体现了他们具有社会正义感和崇高的人道主义精神。

艺术特色

(一) 以科学为依据，细节描写详尽

作者对“鹦鹉螺号”潜艇的描写，对稀奇古怪的科学细节的描写细致入微。这在人们听来或许难以置信，但这并不是漫无边际的瞎编乱造，而是接近于纪实资料，以科学为依据的。小说的旅行路线真实可靠，我们仿佛也乘坐着“鹦鹉螺号”随着书中的主人公游遍了世界的每一个角落。

凡尔纳具有非常丰富的地理学、生物学、海洋学等知识，他在写作前对潜艇的构造，每个地方的经纬度，海洋生物的种类、习性等都一一作过准确的研究，就像作家真要去进行一次海底航行一样。正是由于作者严谨的科学态度，尽量注意到对他幻想中的事件进行细节描写，才会给人以身临其境的真实与可信。

(二) 故事情节曲折紧张，场面描写波澜壮阔

主人公在欣赏海底如梦如幻、美丽壮观的景致的同时也危机四伏，先后经历了搁浅、土著人围攻、同鲨鱼搏斗、冰山封路、章鱼袭击等

险情。

与章鱼的流血冲突，在一个珊瑚墓地为那个死去的水手举行葬礼等一系列场面描写，刻画得淋漓尽致，跌宕不已，使文章波澜迭起，烘托出人物的心理特征，渲染出一股悲壮的气氛，推动了情节的发展。这些描写让人触目惊心，甚至更刺激人的神经，以至于读过之后还念念不忘，好像身临其境。

（三）人物形象个性鲜明

尼摩艇长是凡尔纳笔下所塑造的一个最伟大的形象。他是一个带有浪漫神秘色彩、极具吸引力的人物。尼摩艇长是一个永恒的人物形象，他传奇般的身世和经历给我们带来持久而又强烈的心灵震撼，随着情节的开展，我们在不知不觉中就走进他的世界，走进为坚守美好信仰和追求崇高理想的主人公的内心世界，曾经经历过重重磨难的尼摩把自己的一切，包括生死荣辱都真诚地献给了心目中的崇高事业，在某种非凡的精神炼狱和情感磨砺下，尼摩的人性反而被磨砺得更加坚韧，他没有倒下，没有屈服，表现出危机中的勇敢，逆境中的崇高，孤独中的博大，复杂中的纯粹，由此这个艺术形象放射出格外耀眼的灿烂光芒。尼摩的性格、气质和理想，正是作者所期望的，通过自己塑造的人物表达自身的期望和观点。

（四）海底世界描绘十分精彩

海底世界蕴藏着许多奇观异景，让我们大饱眼福。那里有各种新奇的鱼类、植虫、海绵花圃、珊瑚丛林……

海底世界的美妙景致是难以用言语来描绘的，它们让人为之惊叹，为之折服，相信每个读过的人都会对它念念不忘，期望着自己也能经历一次神奇美妙、惊险刺激的海底之旅！

走进作品

人物图解

主要人物：
- 尼摩艇长（“鹦鹉螺号”潜艇船长）
- 皮埃尔·阿罗纳克斯教授
- 孔塞伊（阿罗纳克斯的仆人）
- 内德·兰德（捕鲸手）

（皮埃尔·阿罗纳克斯教授、孔塞伊、内德·兰德三人都进入“鹦鹉螺号”潜艇，跟随尼摩艇长同游海底世界）

次要人物：
- 法拉格特（亚伯拉罕·林肯号驱逐舰舰长，曾追逐尼摩艇长的“鹦鹉螺号”潜艇）
- 大副（“鹦鹉螺号”潜艇的大副）

人物概览

1 外貌特征

尼摩艇长

年龄大约在35岁到50岁之间，身材高大，天庭饱满，鼻直口方，牙齿整齐，两手纤细。他还有一个特点：两眼间距较常人的稍大，因此视野开阔，能眼观六路。当他盯着一件东西时，往往先把眉头皱起，使宽宽的上下眼皮相互贴近，让瞳孔缩小，这样他的视野就扩大了。他的目光是多么犀利啊！远处变小了的东西都被他放大了！他能一眼看透你的五脏六腑！他能看清我们看着模糊一片的海水！他能够看清海底的一切情况。

他的脑袋在肩膀的曲线构成的弧形上高傲地昂着，他的那双黑眼睛沉着冷静地注视着别人，他的肤色苍白而不红润，皱眉时肌肉快速收缩，呼吸时粗声粗气，沉着坚定的目光似乎折射出一些高深的思想。

孔塞伊

孔塞伊是阿罗纳克斯教授的仆人，一直跟随着教授，对教授忠心耿耿，小伙子30岁，身强力壮，肌肉发达，什么病也伤不着他。

内德·兰德

约40岁，身高2米以上，体格健壮，目光敏锐且膂力过人，是一个野性十足的捕鲸手，一个比较原始的人。

大副

身材矮小，肌肉发达，肩宽背阔，四肢强健，脑袋很大，头发乌黑厚实，满脸胡子，目光犀利，富有普罗旺斯人的那种南方人的活力。头戴海獭皮软帽，脚蹬海豹皮靴，身着特种面料制成的紧身合体的让人行动自如的衣服。

2 性格解析

尼摩艇长

自信、冷静、坚定、勇敢、高傲、直率

皮埃尔·阿罗纳克斯教授

严谨，富有好奇心和同情心

孔塞伊

忠心耿耿、规规矩矩、为人热情、心灵手巧、正直诚实

内德·兰德

头脑冷静、有勇有谋、脾气暴躁、难以交往

3 个性语言

尼摩艇长

1. “我很爱大海。大海就是一切！”
2. “海里环境十分平和，大海不属于独裁者。”
3. “人只有在海洋里才是独立的！”

皮埃尔·阿罗纳克斯教授

1. “朋友们，”我说道，“不必沮丧。比这更糟糕的情况我们都遇到过的。你们先别着急，先别对该艇艇长和艇员下结论。”

2. “安静点，内德，”我对火气很大的捕鲸手说，“光发火是解决不了问题的。”

孔塞伊

1. “先生去哪儿，我跟到哪儿。”
2. “随先生尊便。”

3.“我是伺候先生的仆人,就该紧随先生左右。”

内德·兰德

1.“嘿!见鬼!”内德·兰德大声喊道,并用脚使劲地 踩钢板,“让我们进去呀,不好客的航海人!”

2.“混蛋透顶!这帮人待客连喀里多尼亚人都不如。就差没把人给活剥了!即使他们把人吃了,我也不会觉得奇怪的。但我得先声明,我是不会老老实实地被人吃了的!”

3.“可是,您知道,教授先生,”这位火爆脾气的捕鲸手对我说,“我们这么被关在铁笼子里,会活活饿死的!”

4 形象分析

尼摩艇长

尼摩艇长是凡尔纳笔下一个最伟大的形象。他是一个带有浪漫神秘色彩、极具吸引力的人物。

尼摩是一个完美的科学家。他上知天文、下知地理,他通晓他那个时代的全部技术科学和基础科学。他根据自己的设计建造了潜水艇,潜航在海底进行大规模的科学研究。他热爱大海,他从大海中提取光源、热源和能源。“大海就是一切!它占了地球7/10的面积。它呼出的气息清新纯净。在这浩瀚的大海中,人是并不孤立的,因为他能感觉到自己周围涌动着生命……海里环境十分平和,大海不属于独裁者。在海面上,独裁者们还可以运用极不公平的权利,他们可以在海上相互争斗、厮杀,把陆地上的种种暴行带到海上来。但是,在海面以下30尺的地方,他们的权利就使不上了,他们的影响也就消失了,他们的威势便荡然无存了!啊!先生,到大海里来生活吧!生活在海上吧!人只有在海洋里才是独立的!在这里,我不听命于任何人!在这里,我是自由的!”尼摩艇长追求的是绝对的自由。

尼摩不仅仅是一个“真正的复仇天神”,“一个可怕的裁判执行人”,他还是一位反对压迫,反对剥削的英勇的斗士,他从大海底下取得财富支持民族解放事业。他慷慨大方,他很仁慈,也很善良,尼摩艇长曾奋身从鲨鱼口中救下锡兰采珠人,并曾给这个可怜人一包珍珠让他维持生计,尼摩说:“那个采珠人,教授先生,是被压迫国家的居民,我是心向被压迫国家的人民的”他同情穷人和被压迫的民族，不论是什么原因迫使尼摩艇长到海底来寻找自由，但可以肯定的一点是：他首先还是一个人！他的心还在为人类的苦难而跳动着！

皮埃尔·阿罗纳克斯教授

巴黎自然史博物馆客座教授，生物学家，博古通今，他是一个严谨、富有好奇心和同情心的学者。自作品一开始他就在推测神秘海怪，并加入了捕捉海怪的队伍，但因为落入水中，阴差阳错地登上“一个浮动的小岛”，最后不得不进入海怪——“鹦鹉螺号”潜艇内部，与船长、捕鲸手内德·兰德、孔塞伊经历了海底狩猎、海底葬礼，穿越地中海与红海的秘密通道，踏上南极点的一系列难忘的、惊心动魄的故事，最后与两位伙伴逃出“鹦鹉螺号”，在大漩涡中活了下来。他乘潜艇在水下航行，使他饱览了海洋里的各种动植物；他和他那位对分类学入了迷的仆人孔塞伊，将这些海洋生物向我们做了详实的介绍，界、门、纲、目、科、属、种，说得井井有条，使读者认识了许多海洋生物；阿罗纳克斯还把在海洋中见到的种种奇观，一一娓娓道来，令读者大开眼界。

孔塞伊

30岁，身强力壮，肌肉发达，是阿罗纳克斯教授的仆人，一直跟随着教授，对教授忠心耿耿，“先生去哪儿，我跟到哪儿”“随先生尊便”“我是伺候先生的仆人，就该紧随先生左右”等口头禅似的语句，足以证实他对教授的忠诚。他生性沉稳，从不大惊小怪，总以第三人称和教授说话，总是那么气定神闲，为人随和，从不着急上火——至少你看不出他着急上火。他精通分类理论，遇到什么总是认认真真或者说一本正经地把它们分类，但是对那些东西的名字却一无所知，可以说他是个分类狂。

内德·兰德

约40岁，身高2米以上，体格健壮，目光敏锐且膂力过人，是一个野性十足的渔叉手，一个比较原始的人。他也热爱大海，也会赞叹大自然的美，如他说：“大自然是不会做出自相矛盾的事的。”但对他来说更重要的是自由，是吃到地地道道的牛排、小牛肉，是喝到小酒馆里的酒，是在陆地上自由地行走。他精通野外生存，曾为大家在一个岛上做了一顿丰盛的饭。他脾气暴躁，受不了被监禁，也受不了在“鹦鹉螺”号上的与世孤立的生活，总是计划逃脱。如果没有他，教授和孔塞伊最后不可能回到陆地上。

5 人生经历

尼摩艇长：
- 设计建造“鹦鹉螺号”潜艇，在海洋上攻击航船
- 让追击的“林肯号”失去动力
- 邀请阿罗纳克斯教授等三人游历海洋
- 请阿罗纳克斯到海底森林打猎
- 揭开十八世纪末两艘法国探险船只失踪的真相
- 格波罗阿尔岛击退土著人进攻
- 把一位因伤而死的艇员安葬在珊瑚墓园里
- 带教授观看一颗巨型珍珠，与巨鲨展开搏斗，并向采珠人赠送珍珠
- 在红海上让捕鲸手追捕庞大的儒艮
- 在卡尔帕托斯岛，把大量的黄金送到陆地上
- 在维哥湾，命令艇员潜水搬取当年沉船上数不尽的金银珍宝
- 在马尾藻海，冲杀抹香鲸
- 登上南极大陆
- 指挥潜艇脱离南极困境
- 在留卡斯群岛和章鱼展开了激烈的搏斗
- 潜入海底凭吊英勇不屈的复仇者号
- 指挥潜艇将战舰撞沉
- 和“鹦鹉螺号”一起被卷入了大漩涡中

皮埃尔·阿罗纳克斯教授：
- 应邀随“林肯号”去清除“怪物”
- 遇险后被尼摩艇长救下，并随潜艇一起周游海底世界
- 经历了海底狩猎、海底葬礼，穿越地中海与红海的秘密通道，踏上南极点的一系列难忘的、惊心动魄的故事
- 最后与两位伙伴逃出“鹦鹉螺号”，在大漩涡中活了下来

孔塞伊
- 跟随教授到各地考察
- 帮助教授海上脱险
- 与教授一起随着“鹦鹉螺号”游历海底世界
- 最后与两位伙伴逃出“鹦鹉螺号”,在大漩涡中活了下来

内德·兰德
- 跟随“林肯号”驱逐舰追击并发现“怪物”
- 把教授救出海面
- 想逃跑,又想夺取潜艇,把一个侍者打倒在地掐得半死
- 在格波罗阿尔岛做了一顿丰盛的饭
- 在印度洋上一叉刺中鲨鱼要害
- 在红海上用捕鲸叉勇敢地击杀庞大的儒艮
- 在维哥湾敦促教授逃跑
- 在留卡斯群岛同章鱼激战
- 逃离潜艇被罗佛丹群岛的渔民救起

6 全书大事记

情节图示

开端	多艘航船遭到独角鲸袭击而沉没,“林肯号”驱逐舰出发追击“怪物”。
发展	教授三人被救上潜艇。
高潮一	教授三人随“鹦鹉螺号”周游海底。
高潮二	托雷斯海峡中搁浅,遭遇土著人袭击。
高潮三	在印度洋参加因受重伤而死的船员的海底葬礼。
高潮四	在锡兰参观海底采珠场,并救了遭遇鲨鱼袭击的采珠印度人。

高潮五	在大西洋海域搜寻西班牙货船的宝藏、参观亚特兰蒂斯的海底遗址。
高潮六	在南极被冰山围困。
高潮七	遭遇章鱼袭击。
高潮八	在北冰洋遭遇漩涡。
结局	教授和两个同伴被罗佛丹群岛的渔民救起。尼摩艇长及其“鹦鹉螺号”一起下落不明。

重点情节看点

◎土著围攻
◎海底游览
◎手刃巨鲨
◎缺氧濒死
◎破冰突围
◎获得宝藏

精段品读

(一)

最近的这次事故情况就是如此,其结果又让公众的情绪激动了起来。自此,以前的那一次次海难的不明原因,全都归结到这个怪物的身上了。这个怪诞的大动物因而便承担起所有沉船事故的责任。可是,沉船事件数目很大,根据维理塔斯署统计的每年3000艘受损的船只中,因下落不明而被当作连人带货全部失踪的蒸汽船或机帆船,其数目不下200艘!

因此,不管公正还是不公正,反正这个大怪物成了这些船只失事的罪魁祸首了。由于这个大怪物的存在,各大洲间的航路变得日益危险,公众坚决要求,应不惜一切代价,把这个可怕的大怪物从海洋里清除掉。(选自第一部《飞逝的巨礁》)

名师解读

◆ 用具体数字表现受害船只之多,再写人们的忍无可忍也就在情理之中了。

●赏析点睛

小说从海面上“怪兽”出没,频频袭击各国海轮,搅得人心惶惶开始,到“鹦鹉螺号”被大西洋漩涡吞噬为止,整部小说悬念迭出,环环相扣。主人公始终被一个谜团所困惑,他始终在思考:尼摩艇长究竟是什么人?

(二)

林间空地,寸草不见;丛里的灌木枝条既不沿地蔓延,也不向下弯垂;树枝全都不向水平方向伸展,所有的枝条都往上长,伸向海面。

名师解读

◆ 比喻手法，形象生动，突出其形状。

◆ 海底植物与陆地植物的不同点在于：没有根，大部分没有叶子，色彩单调。

所有的细茎，所有的带状叶子，无论是多细多薄，全都像铁丝一般地挺直。墨角藻和藤本植物，受到海水密度的控制，挺拔地笔直往上生长。它们全都纹丝不动地待在水中，当我用手把它们撩开来后，它们随即就又恢复原状。这儿竟是一个垂直线的王国。

……

我发现，所有这些植物界的物种，全都只是由表面的根突钩在海底地面上。其实它们没有根，无论是沙子、贝壳、甲壳，还是卵石，只要是固体，都可以支撑它们，它们对这些固体物质要的只是一个支点，而并不需要它们供给营养。这些植物自生自灭，它们赖以生存的元素存在于维持它们、营养它们的海水之中。它们中大部分都没有叶子，长出来的都是一些奇形怪状的胞层，表面色彩单调，只有粉红色、胭脂红、青绿色、橄榄色、浅黄色和棕褐色。（选自第一部《海底森林》）

●赏析点睛

在描绘海底森林的自然景观时，作者着力表现其“最美丽”和奇异的特点。那里是“垂直线的”王国，“所有的枝条都往上长”“没有根”“大部分都没有叶子”，完全不同于人们所见到的陆地植物的生长状况。另外，海底还有千奇百怪的海底生物，同样的引人入胜。比如“盛鱼”“囊虫鱼”等众多鱼类，还有文中其他部分描绘的“漂亮的海獭”“美丽的信天翁”、令人毛骨悚然的“角鲨”等等。作者描绘这样一个美妙的世界，令人感到好奇和新鲜。小说所描绘的海底世界是世人完全陌生的世界，作者丰富的海洋知识可见一斑。

（三）

想到尼摩艇长时，只是在想，他知道我们逃跑后会怎么想呀？我们的逃跑会使他在多大程度上感到不安呀？我们会给他带来多大的危害呢？如果我们逃跑成功了或者失败了，他会怎么办？我当然没有任何埋怨他的理由，恰恰相反，我还应该感激他，因为没有谁会像他那么心底坦诚地对待客人。但是，我不辞而别，他也不能怪我忘恩负义，因为我们之间并无任何承诺在约束着大家。我们之所以留在他的身边，是环境所造成的形式使然，而非我们的承诺所致。而且，他公然要把我们永远囚在他的艇上的企图，也表明我们的逃跑愿望是合情合理的，无可厚非。

……

这些伟人的思想是否与尼摩艇长的思想息息相通呢？我能否透过这些肖像参透尼摩艇长心中的秘密呢？难道他是被压迫民族的捍卫者，为被奴役的民族的解放而英勇奋斗的斗士？难道他是本世纪最近发生的政治动乱和社会动乱的领袖人物？难道他是一位可怕而又可歌可泣的美国南北战争中的英雄？（选自第二部《维哥湾》）

名师解读

◆ 走与留的矛盾心态，非常细腻。

◆ 三个“难道”，构成排比句式，形象地写出了教授内心的困惑不解。

●赏析点睛

阿罗纳克斯教授在捕鲸手内德·兰德的鼓动下，决心寻找时机逃离“鹦鹉螺号”潜艇，所选这两段描写就细致地刻画了教授在逃离前的复杂而矛盾的心理。一方面，他渴望逃离潜艇里的囚禁生活，回到陆地上恢复正常的生活，一方面，他又对自己的不辞而别而感到愧对尼摩艇长的厚待。一时间，走还是留的问题，一直困扰着教授，难以骤下决心。第二段，还表现了教授对尼摩艇长的身份始终心存困惑，也增强了小说的悬念。

（四）

名师解读

◆ 用人物反应衬托战斗的激烈程度。

◆ “撞、冲、潜、咬”等一系列动词的运用，写出了潜艇的灵活自如，也表现了战斗的激烈。

◆ 环境描写，衬托出战斗的激烈。

多么激烈的战斗啊！就连起先并不太感兴趣的内德·兰德，劲头也上来了，竟然拍手叫好起来。鹦鹉螺号如同尼摩艇长手中挥洒自如的吓人的捕鲸叉，它冲着那密集在一起的抹香鲸直插过去，所到之处，只见一些尚在颤动的半截子动物尸体。抹香鲸用其威力无穷的尾巴拍击鹦鹉螺号，但后者却稳如泰山，浑然不觉。而它在撞击到一头抹香鲸时，也没有发生丝毫的晃动摇摆。干掉了一头抹香鲸之后，它便立即又向另一头冲过去。它进退自如，左冲右突，不放过任何一个目标。抹香鲸见状，赶忙往水下潜去，而鹦鹉螺号也追踪而去，当抹香鲸又浮出水面时，它也紧咬住不放，穷追不舍。它既能发动正面进攻，又能进行侧击，既能把抹香鲸拦腰撞断，又能把它们撞得稀烂。它要快则快，要慢则慢，要从什么角度攻击，就从什么角度攻击，而它的武器就是它那可怕的钢铁冲角。

好一场恶战，血肉横飞！海面上一片喧嚣！那些被吓得晕头转向的抹香鲸，不停地发出它们那特殊的尖利的呼啸声和咆哮声。原来平静如镜的海水，被抹香鲸的尾巴搅动得波涛翻滚，水柱四溅。

这场无法想象的大屠杀持续了有一小时，一群大脑袋的丑陋的抹香鲸无一幸免，悉数被歼。有好几次，有一二十头抹香鲸聚集在一起，一起发动冲击，想把鹦鹉螺号压垮、撞翻。我们坐在客厅舷窗前，看见它们大张着那巨齿獠牙的大嘴和那让人心惊胆战的怒目。内德·兰德按捺不住，冲着那些抹香鲸挥动着拳头，口吐恶语。我们感觉得到，那些丑陋的家伙从四面八方往艇上又冲又压，死死缠着，如同矮树丛中的一群猎犬，咬住一头小猪不放似的 。但是，鹦鹉螺号猛然间加大了马力，把它们连拖带撞掀出了海面，根本不在乎它们那死沉死沉的分量，也不怕它们用多大的力气在又夹又压着自己。

最后，剩下的抹香鲸一哄而散，溜之大吉，海面上又恢复了平静。我感觉到艇正在浮出水面。舱盖打开了，我们急急忙忙地往艇顶平台上跑去。

海面上漂浮的尽是残缺不全的尸体。就算是一次大爆炸，也不可能产生如此大的威力，把这么一大群抹香鲸炸得如此体无完肤、身首异处、断成多截。鹦鹉螺号在这堆背脊淡蓝、腹部灰黑、身上疙里疙瘩的庞大的尸体中间漂浮着。剩下的那几头吓破了胆的抹香鲸早已逃得见不到踪影了。好几海里海面上，海水都被染红了，鹦鹉螺号便漂浮在这片“血海”之中 。(选自第二部《抹香鲸和长须鲸》)

赏析点睛

这是“鹦鹉螺号”同抹香鲸的一场恶战。作者运用正面描写和侧面描写相结合的方法，生动形象地表现了战斗场面的激烈，使人有身临其境的感受。

（五）

果不其然，一些更大的冰块出现了，它们的光泽随着云雾的变化而变化。其中有些带有绿色的纹理，如同硫酸铜在上面流过时所形成的波浪起伏的线条；有些像是大块的紫晶石，经阳光照射，晶莹剔透；有些像是多面水晶，反射出万道霞光；有些看着像是石灰石，好像可以用来建造一座大理石城似的。

名师解读

◆ 比喻手法，从不同的角度展现冰块的色彩和形状，化抽象为具体。

……

不过，说实在的，这地方极其新奇，美景不断，让人赞叹不已，我并不觉得这个冒险远航有多厌烦。那些浮冰，姿态万千。这边是数不清的清真寺尖塔形和庙宇状，整体看去，俨如一座城市；那边又像是一座被毁坏的城市留下的废墟。在斜射的阳光照耀下，这些景观在不停地变化着，或者顷刻之间便消失在被暴风雪所卷起的灰蒙蒙的雾气之中。另外，四面八方都在随时传来浮冰坍塌、破裂、翻到的呼啸声、轰鸣声，那景象如同透景画的景致一样在不断地变换着。（选自第二部《大冰盖》）

名师解读

◆ 冰原景象不是一成不变的，而是变幻不定的，仿佛具有了生命力，呈现出一种动态的美。

●赏析点睛

作者以生花妙笔为我们描绘了一幅极地冰原的精美绝伦的景象。"它们的光泽随着云雾的变化而变化"，绚丽多彩，夺人眼目；它们的形状姿态万千，令人目不暇接。除去这些都是从视觉的角度来写的色彩和形状，作者还从听觉角度写了浮冰坍塌的各种声音。通过作者的笔触，一幅多姿多彩、形态各异、变幻莫测的极地冰原图就呈现在我们面前，人们不禁对大自然的伟力生出无尽的感叹。

（六）

此时，我们眼前见不到海，见不到流动的海水。横亘在鹦鹉螺号冲角下的是一片大冰原，上面满是参差不齐、形状怪异的冰块。它们像是冰河解冻、凌汛到来时的江河上的景象一样，犬牙交差，混乱不堪，只不过这儿的状况更加壮观，场面更加宏大。放眼望去，一些高有 200 尺的尖尖的山峰和细如针尖的冰挂星罗棋布。更远处，是一些灰白灰白的陡峭冰峰，像明亮的镜面似的大冰原闪现着透过蒙蒙雾气射出来的阳光。除此之外，只剩下这荒凉之地的死一般的寂静，只是偶尔有几只海燕和海鸭拍击翅膀的声

◆ 与江河上的景象对比，突出南极冰原景象之壮观。

响传来。于是，似乎一切全都被冰雪封住了，甚至声音也静止不动了。（第二部《大冰盖》）

●赏析点睛

在鹦鹉螺号沿着西经55度行驶，在南冰洋地区遇到了冰山的阻隔。“参差不齐、形状怪异的冰块”“犬牙交差，混乱不堪”，“冰挂星罗棋布”，冰峰陡峭，“似乎一切全都被冰雪封住了，甚至声音也静止不动了”，对所有以前的航海家来说，冰山是不可逾越的障碍。尼摩艇长经过观察决定从海底潜行，到达南极后再利用“鹦鹉螺号”的冲角，沿对角线的方向向冰原直冲上去从而脱险，并登上南极大陆。故事情节是这样的曲折紧张，瞬息万变，随时可改变人物的命运。其他诸如海底狩猎，探访海底的亚特兰蒂斯废墟，打捞西班牙沉船的财宝，目睹珊瑚王国的葬礼，与大蜘蛛、鲨鱼、章鱼搏斗，反击土著人的围攻等等，同样写的波澜起伏、扣人心弦。

（七）

这时候，尼摩艇长把手搭在我的肩头对我说道：

“先生，1600年，荷兰人杰里特克在暴风雨中被海流带到南纬64度，发现了新谢特兰群岛。1773年1月17日，著名的库克沿着西经38度线，到达南纬67度30分。第二年，1774年1月31日，他又沿着西经109度线，到达南纬71度15分。1819年，俄国人别林豪森到达了南纬69度。1821年，他又沿着西经111度线到达南纬66度。1820年，英国人布伦斯菲尔德在南纬65度处受到阻遏，未能继续南下。同年，美国人莫雷尔沿西经42度线往南，在南纬70度14分处发现了没有结冰的海，但他的故事疑点很多。1825年，美国人鲍威尔没能越过南纬62度线。

名师解读

◆ 一系列精确的数字，显示出尼摩艇长思维的严密，对待科学研究的审慎态度。

同年，一个名叫韦德尔的普通猎海豹的英国人，沿着西经35度一直往南，到达南纬72度14分，后又沿着西经36度，到了南纬74度15分处。1829年，英国人福斯特船长驾驶着雄鸡号在南纬63度26分、西经66度26分处的南极大陆靠了岸。1831年2月1日，英国人比斯特在南纬68度50分处发现了恩德比陆地。1832年2月5日，他又在南纬67度上发现了阿德莱德陆地。2月21日，他又在南纬64度45分处，发现了格雷厄姆陆地。1838年，法国人迪蒙·迪维尔在南纬62度57分遇上了大冰盖而停了下来，但却发现了路易—菲利普陆地。两年后的1月21日，他又在南纬66度30分处发现了一个新沙嘴，被命名为阿德利陆地。8天后，他又在南纬64度40分处发现了克拉利海岸。1838年，英国人威尔克斯沿着西经100度线往南，驶抵南纬69度。1839年，英国人巴勒尼在南极圈边缘发现了萨布里娜陆地。最后，1842年1月12日，英国人詹姆斯·罗斯率领着埃里伯斯号和恐惧号，沿东经171度7分抵达南纬76度5分处，发现了维多利亚陆地。同月23日，到达南纬74度，那是当时所能到达的最高维度了。2月27日，又到达了76度8分处，28日到达77度32分处。3月2日，到达78度4分处。1842年，他又来到南纬71度处，但未能越过去。现在，我，尼莫艇长，在1868年3月21日，到达南纬90度的南极点了，占领了这片相当于地球已知大陆1/6的土地。”(选自第二部《南极》)

•赏析点睛

上面这段语言描写准确地写出了尼摩艇长是一个知识渊博的学者，他能把1600年到1866年将近三百年间人类探险南极的情况说的这么详细，让人不得不感到钦佩。尼摩根据自己的设计建造了“鹦鹉螺号”，潜航在海底进行大规模的科学研究，他躲避开他的敌人和迫害者，在海底探寻自由，又对自己孤独的生活深深感到悲痛。这个神秘人物的谜底到了三部曲的第三部才被揭开。他是一个智慧、勇敢、孤独，身世不明，带有浪漫神秘色彩的人物。

（八）

离我5米远的地方，有一个影子出现了，紧贴在水底。我立刻想到是鲨鱼，不由得紧张起来。可我弄错了，这一次我们遇到的仍然不是海里的那个猛兽。

那影子显然是个人，是个活生生的人，也许是个印度人，或者黑人。总之，是个不幸的采珠人，他不等采珠季节的到来便提前赶来采珠了。我注意到，他的小船就在他头顶上方几尺的地方停泊着。他不停地潜下水来，一会儿又浮出水面。他用脚夹着一块大石头，石头呈圆锥形，用绳子拴好，另一头系牢在小船上。他便利用这块石头帮助自己快速下潜，这是他所依靠的唯一的下潜工具。潜于5米左右深处，他便立即跪下去摸珠母，往网袋里放。不一会儿，复又浮出水面，把网袋里的收获物倒进小船里，再度夹住那圆锥形石头，沉到水里，继续摸找珠母，如此往复，间隔只有30秒。

名师解读

◆ “拴”“系”“跪”“摸”“放”等一系列的动词，描写了采珠人动作的娴熟。

这个采珠人并没发现我们。他的视线被岩石的阴影遮挡住了。再说，这个可怜的采珠人又怎么会想到我们这些同他一样同属人类的人会在一边躲着，窥视他的采珠动作，一点细节都不放过呢？

他多次这么潜下去又浮上来。每次捞着的珠母顶多十来个，因为珠母都牢牢地吸附在礁石上，把它们从那上面剥落非常费事。可他冒着生命危险捞上来的牡蛎，究竟有多少是长着珍珠的呢？

我眼睛直勾勾地盯着他，采珠人的动作有板有眼。半个小时过去了，没有出现什么险情，我渐渐地熟悉了这种采珠情景。可就在这个时候，我突然看到那个印度人或黑人，刚一跪倒，立刻像是受到什么惊吓似的，慌里慌张地站立起来，往水面猛蹿。

我知道他因何如此恐惧了，一个巨大的阴影出现在那不幸的采珠人的上方。这是一条个头儿很大的鲨鱼，它斜向冲了过来，虎视眈眈，目露凶光，血盆大口张开着。

名师解读

◆ “甩”“扑”“扫”等动词，表现了鲨鱼动作的凶猛。

凶猛的大鲨鱼甩动着有力的尾鳍，朝采珠人直扑过来。采珠人往旁边一闪，躲开了鲨鱼的大口，但却未能躲过它的尾巴。鲨鱼尾巴猛力地扫到他的胸部，他一下子便倒了下去。（选自第二部《一颗价值千万的珍珠》）

赏析点睛

在这一情节中，作者为我们展现了一幅海底采珠图景。为生活所迫，采珠人冒着生命危险潜到深深的海底捞取珠母，每次都收获甚少，而且还要面临不可预期的意外风险，比如鲨鱼的袭击。在这些危险面前，人的力量是微不足道的，能否保住性命，都要听天由命。在此，作者一方面向我们展示大自然的伟大，一方面也流露出对贫穷人命运的怜悯和同情。

拓展阅读

几问懂名著

◎尼摩艇长和阿罗纳克斯教授在海底环球探险旅行时，经历了许多险情，请概括其中的三次。

搁浅、土著人围攻、同鲨鱼搏斗、冰山封路、章鱼袭击等。

◎请说出尼摩艇长与阿罗纳克斯教授在海底环球旅行的路线。

从太平洋出发，经过珊瑚岛、印度洋、红海、地中海、进入大西洋、南极，再由大西洋抵达北冰洋。

◎简述《海底两万里》内容。

主要讲述了1866年，有人以为在海上见到了一条独角鲸，法国生物学家阿罗纳克斯教授最后发现那是一艘名为“鹦鹉螺号”的潜艇，并且带着仆人孔塞伊和一个捕鲸手内德·兰德，跟随尼摩艇长乘坐这艘潜艇在海底作了两万里的环球探险旅行。

◎你认为尼摩艇长是一个什么样的人？

尼摩艇长逃避人类，蛰居海底，而又隐隐约约和陆地上的某些人有一种特殊联系。他富有同情心，性格阴郁，知识渊博，带有浪漫、神秘色彩，是一个非常吸引人的人物。

◎《海底两万里》是一部纯虚构的科幻小说，你觉得这部书最吸引你的地方是什么？书中哪些想象事物如今已经变成现实，通过这些事例你能看出科幻小说与科技发展的某些关系吗？

示例：海底世界充满异国风情和浓厚的浪漫主义色彩。海底潜艇，踏上南极点都已成为现实。科幻小说往往也是科学研究基础上的推理和预言。曲折的情节和对海洋知识的介绍，如潜水艇、潜水服、电的使用等等，在一定程度上促进科学的发展。

警句连线

◎有人说,海洋是人类的墓地,但对于无法计数的动物来说,它却是它们的生活场所。

◎地球上需要的不是什么新的大陆,而是新人!

◎赌徒觉得最遗憾的并不一定是金钱上的损失,而是自己满怀着的希望成了泡影。

◎大龙虾宛如持戟兵丁似的立在那儿,挥舞着大爪,发出金属般的声响。大海蟹形同一门门架在炮座上的加农炮。丑陋不堪、令人发怵的大章鱼,触须扭动着,活像一条条蠕动着的大蛇。

◎艇像是被风吹着在陆地草原上空飞过的气球似的轻轻地驶过,更确切地说,我们待在客厅里就像坐在一列快车的车厢里似的。

◎花香是花的灵魂,而水生植物的花,色彩虽绚丽,却是没有灵魂的。

◎"鹦鹉螺号"像个楔子似的嵌进这片容易破裂的冰原,只听见冰原被撞得咔嚓咔嚓地发出破裂声。"鹦鹉螺号"活像一只由无穷之力操纵着的古代攻城撞锤。被撞碎的冰块被抛得很高,像冰雹一般复又纷纷地掉落下来,散落在我们的四周。

◎我们可以战胜人类的法规,但却不能无视自然地法则。

◎太阳就像是满怀疑窦似的,不愿向人类揭示这个地球上的难以接近的地方的面纱。

◎没有任何人会比一个心地善良而侠义的人更高尚。

名家眼中的《海底两万里》

◆ 现代科学只不过是将凡尔纳的预言付诸实践的过程而已。

——[法]利奥台

◆ 凡尔纳创作的长篇小说使我赞赏不已。在构思发人深省、情节引人入胜方面,凡尔纳是个大师。

——[俄]列夫·托尔斯泰

◆ 这不仅是一部科幻小说更是一部启迪心灵的名家大作,它在跌宕起伏的故事情节中也呼吁人们保护海洋资源与维护和平的重要性。同时告诫人们要正确使用科学技术。总而言之这是凡尔纳对于17世纪重重社会现象的含蓄回应。

——叶颖聪

◆ 我并不是不知道您的作品的科学价值,但我最珍重的却是它们的纯洁、道德价值和精神力量。

——教皇

◆ 凡尔纳的小说启发了我的思想,使我按一定的方向去幻想。

——[俄]奥尔科夫斯基

读后感悟

（一）

这本科幻小说讲述的故事真可谓是大胆至极。凡尔纳以第一人称写了法国生物学家阿罗纳克斯教授和仆人孔塞伊、加拿大人内德·兰德误进“鹦鹉螺号”后的种种经历。尽管凡尔纳没有下过海,但是在他的文章里丝毫看不见虚伪的痕迹,反而真实又惊险的冒险会让人喘不过气来。凡尔纳真是太厉害了!

凡尔纳是个聪明的人,也许有人说他是卖弄知识,可他的确是很富有智慧地将许多科学知识结合到了文中,细细看来竟然涉及了许多领域。比如生物学、物候学、气象学、物理学、化学等等。由此可见,他能把海底世界写得如此生动和美丽也就不足为奇了。

小说一开头就让我走进了它所描述的世界,什么飞逝的巨礁啊、巨大的怪物啊,都让我看了激动不已。法国生物学家阿罗纳克斯教授和仆人孔塞伊、加拿大人内德·兰德进入神秘的“鹦鹉螺号”之后,和尼摩艇长一起在海底做环球旅行。海底的世界非常美妙,我记得“海底森林”那一章,虽然没有真正的树木,但是海里柔软的海草让我极为享受,闭上眼睛似乎也能看见那飘动的海底生物。而文章也不失惊险,其中在南极被困冰下缺氧的经历写得最为精彩。几个人在海底无法呼吸到新鲜的氧气,对缺氧症状的描写让我都不禁感到难受,开始大口大口地呼吸氧气,也让我不由地感叹:人能活着,真好!

虽然文章的结尾让我有些恍惚,但我是真的沉浸在这部优秀的作品中了。其实我觉得文章中的人没有明显的好坏之分,包括尼摩艇长。尼摩艇长可以说是一个传奇人物,他自己瞒着全世界造成了性能非凡的“鹦鹉螺号”,并和着那么多忠心耿耿的水手们在海底探险,这并非常人能够完成的。也许他的思想有些扭曲,他的做法有些偏激,他的行为是在逃避。但是他仍然是位勇士,是位尊重大自然的勇士。他的消失也是凄美的,让我看后感觉鼻子酸酸的。

无论如何，主人公在书中的探险让我深深热爱上了浩瀚的海洋，让我更加明白了我的人生观和世界观。

（二）

打开《海底两万里》，我怀着好奇心，和书中的主人翁阿罗纳克斯教授一起乘坐着"鹦鹉螺号"潜水艇开始了充满传奇色彩的海底之旅。一起周游了太平洋、印度洋、红海、地中海、大西洋以及南极和北冰洋，遇见了许多罕见海底动植物，还有海底洞穴、暗道和遗址等等。让我知道了大量的科学文化和地理地质知识，尤其是光的折射、珍珠的分类、采集、潜水艇的构造……这些东西如今都已变成了现实，我感叹作者儒勒·凡尔纳的想象力，竟能在还未发明电灯的社会中预料到未来世界，把科学与故事结合，创造出一个神奇的海底世界。

"鹦鹉螺号"的尼摩艇长是个谜一样的人物，他性格阴郁，却又知识渊博。他可以为法国偿还几百亿国债；看到朋友死去会无声地落泪；会把上百万黄金送给穷苦的人；会收容所有厌恶陆地的人；会把满口袋的珍珠送给可怜的采珠人；会逃避人类，施行可怕的报复……尼摩艇长对人类有根深蒂固的不信任感，他的心中充满无尽的痛苦，却也是一个善良的人。

在南极缺氧的时候，当时只有潜水服上的储蓄罐里还有一丝空气，那时由于缺乏空气，他们几乎虚脱。这时，尼摩艇长没有去吸最后一丝空气来维持生命，而是把生还的机会留给了教授。他为了别人的生命而不惜牺牲自己的生命，他的行为感动了无数读者，也感动了我。

在引人入胜的故事中，作者还同时告诫人们：在看到科学技术造福人类的同时，也要重视防止科技进步给社会带来的弊端。儒勒·凡尔纳提出要爱护海豹、鲸等海洋生物，谴责滥杀滥捕的观念……面对这早在两百年前的先知者的呼吁，我陷入了更深层次的思考：此书只是让读者感受丰富多彩的历险和涉取知识吗？不，它是在启发我们，让我们的心灵对自然科学有更大的收获。

儒勒·凡尔纳是在告诉我们：没有做不到的，只有想不到的——只有当时具备一定的科学背景，才可能有来源于现实或高于现实的想象，否则不是科幻只是空想；而如果连想象都没有，没有目的、没有方向，更不可能有科学的进步。

（三）《海底两万里》的几个关键词

1. 有关“探险”

阿罗纳克斯、孔塞伊、内德·兰德，机缘巧合，来到尼摩的潜艇上，随“鹦鹉螺号”展开海底航行。潜艇船身坚固，利用海洋中大量的氯化钠分解出来的钠发电。他们从太平洋出发，经过珊瑚岛、印度洋、红海、进入地中海、大西洋，看到许多罕见的海生动植物和水中的奇异景象。美妙壮观的海底世界充满了异国情调和浓厚的浪漫主义色彩，读者也为作者的科学知识所信服。

阿罗纳克斯一行人在旅途中遇到了无数美景，同时也经历了许多惊险奇遇，例如：

他们的船在巴布亚新几内亚搁浅了，遇到当地土著人的攻击，尼摩艇长用他连接在金属梯子上的电挡住土著人进入“鹦鹉螺号”；

他们在印度洋的珠场和鲨鱼展开过搏斗，捕鲸手内德·兰德手刃了一条凶恶的巨鲨；

他们在南极被困在厚厚的冰下，船上极度缺氧，但船上所有人轮流用工具和开水把底部厚10米的冰层砸薄，用潜艇的重量压碎冰块，脱离困境；

“鹦鹉螺号”在大西洋被章鱼所困扰，他们拿斧头和章鱼展开肉搏战，一名船员不幸惨死；

在北大西洋，“鹦鹉螺号”遇到一艘英国驱逐舰（这艘驱逐舰的国籍在原文中并未说明，在《神秘岛》中才说明是英国）的炮轰，除那三位俘虏外所有船员个个义愤填膺，用“鹦鹉螺号”的冲角把驱逐舰击沉。

“探险”之于作品中人物的情绪体验及精神意义是不同的。“探险”之于阿罗纳克斯而言，是他在饱览海洋里的各种动植物过程中的科学求知欲的冲动与收获。“探险”也在阿罗纳克斯表述与介绍中有了更多的科学考察价值。"探险"之于孔塞伊而言,首先是出于一种职责,"先生去哪儿我跟到哪儿",其次才是在探险过程中顺便满足自己分类特长和爱好。"探险"之于内德·兰德而言,则呈现出某种程度上的矛盾性——一方面,"海洋世界"的神秘与广阔,激发了兰德的"捕鲸手"的职业本能;另一方面,"探险"之中的"拘禁",则极大程度上与内德崇尚自由的本性产生牴牾。这使得他自始至终都在"探险"之中寻觅"逃离"。

而"探险"之于尼摩艇长而言,既是对"人类世界"的"逃离"与"拒绝",也是通过搜集海底金银财宝,支援被压迫民族的正义斗争的现实选择。

2. 有关"孤独"

阿罗纳克斯和孔塞伊,虽然被迫"囚禁"在"鹦鹉螺号"中,但是在海底的探险旅程给他们带来了无尽的乐趣,所以尽管他们对远离人类社会而不满忧虑,但并未感到难以忍受的"孤独"。而捕鲸大王内德·兰德的性格火爆,喜好无拘无束的自由生活,这与其在"鹦鹉螺号"中海底生活发生了激烈的冲突,因此他的不满更加强烈,他所感受到的"孤独"更多地主要是对"陆地生活""自由生活"的怀念与向往。

而尼摩艇长的"孤独"有着更多、更复杂的因素。其一,他对于"人类世界"的失望与不满,使得他主动选择孤独的生活。他自称与整个人类断绝了关系,在海底探寻自由。其二,正如阿罗纳克斯所言,尼摩艇长首先是个人,他的心依然在为人类的苦难而悲痛和忧伤,他仍然对所有受奴役受迫害的种族和个人怀着仁慈的爱。他不是关在书斋之中和温室里经不起风吹雨打的科学家,而是一个在反抗殖民主义斗争的烈火中成长起来的民族志士。他搜集海底金银财宝,支援被压迫民族的正义斗争。当祖国沦为殖民地后,他带领少数志同道合的人潜入海底,用反抗的行动和不满的言论,支持和唤醒被压迫民族进行反抗殖民统治的斗争。他的"孤独"根源在于对故土沦陷的伤怀以及反殖民主义的民族立场。其三,艇长的"孤独"与"复仇"并行。艇长的"孤独"是为了复仇,这种仇恨成为了"鹦鹉螺号"的"动力"。而让我们无奈的是,这样的"复仇"也最终使得尼摩艇长走向真正意义的"孤独"。尼摩艇长"孤独",因多种因素的叠加而呈现出复杂神秘的色彩,也使得这种孤独更具感染力，也更容易为读者所理解。

3. 有关"人性"

这在尼摩艇长身上有委婉的体现。比如他的海底旅行的"初衷"与"目的"，呈现出"逃离"人性与回归人性的态势。再比如，有一次，在海上遇到一群长须鲸与一群抹香鲸。他阻拦兰德捕获"善良"的长香鲸，鼓励兰德对抹香鲸"格杀勿论"。这里，两类的"鲸鱼"有着不同的描述与隐喻。而船长对待他们的不同态度，显然是基于他"人性"的召唤与约束。

读考链接

1. （2017•内蒙古赤峰）下列关于名著内容表述有误的一项是（　　）

A.《名人传》中的贝多芬与命运进行着不屈不挠的斗争，在生命最后的日子里创作出了《欢乐颂》。

B.《格列佛游记》讲述的是英国船医格列佛，因海难等原因落到小人国、大人国、飞岛以及慧骃国等地的经历。

C.《简•爱》中的罗切斯特与简•爱互相倾诉衷肠的情形，是全书最感人的篇章之一。罗切斯特拐弯抹角地试探简•爱的心思，而简•爱则极力维护自己做人的尊严，最终导致简•爱没能接受罗切斯特的爱情。

D.《海底两万里》是凡尔纳的三部曲中的第二部，写了法国生物学家阿罗纳克斯跟随尼摩艇长乘坐"诺第留斯号"潜艇在海底做了两万里的环球探险旅行的故事。

2. （2017•山东日照）走进名著。下列有关名著的表述，正确的一项是（　　）

A.《童年》是高尔基自传体小说三部曲中的第一部，书中的小茨冈是一个鄙视自私贪婪、同情不幸、憧憬美好生活的正直少年，为替外祖母报仇他把酒馆女主人锁在地窖里。

B. 冰心的诗集《繁星》《春水》以"母爱""童真"与"自然"为主题，表达了对母亲的情感、对孩子的喜爱、对自然的赞叹及对人生的感悟。

C.《海底两万里》的作者儒勒•凡尔纳被誉为"科学幻想小说之父"。小说中的尼摩艇长是一位生物学家，他和仆人孔塞伊向我们详细介绍了海洋生物，给读者许多海洋生物知识。

D.《三国演义》通过讲述单刀赴会、过五关斩六将、煮酒论英雄、刮骨疗伤等故事，塑造了关羽这位忠肝义胆、骁勇善战、一身正气的英雄形象。

3. （2017•四川乐山）下列与推荐阅读名著相关的说法，正确的一项是（　　）

A. 冰心的《繁星》和《春水》兼采中国古典诗词和法布尔哲理小诗之长,善于捕捉刹那间的灵感,以千言万语书写内心的感受和思考,充分展现对母爱与童真的回味,对大自然的崇拜和叹服,对人生的感悟和赞美。

B. “感之不深,自然爱之不切了;爱之不切,弹出来当然也不够味儿;而越是不够味儿,越是引不起你兴趣。”出自《傅雷家书》,这本书是傅雷翻译法国批判现实主义主义作家巴尔扎克《人间喜剧》中的某些章节汇编成册的。

C.《海底两万里》是凡尔纳的三部曲的第一部。凡尔纳的小说之所以拥有广大读者,原因就在于构思巧妙、情节惊险,是科学与幻想巧妙结合的成果,同时还具有社会责任感和崇高的人文主义精神。

D.《名人传》中,贝多芬在生命的末日写出了不朽的《欢乐颂》;米开朗琪罗直到临终前几天还整天站着塑像,终于留下传世的杰作;托尔斯泰在生命的最后一刻,下定了摆脱贵族生活的决心。

4.(2016•江苏徐州)名著阅读。下列文学常识表述不正确的一项是(   )

A.《简·爱》是英国著名女作家夏洛蒂·勃朗特的代表作,作品成功塑造了主人公简·爱独立自主、敢于反抗、追求平等的女性形象。小说以第一人称叙述,亲切感人。

B.《背影》《老王》《藤野先生》的作者分别是朱自清、杨绛、鲁迅,文体都是散文,都刻画了特色鲜明的人物形象。

C.《海底两万里》是法国作家儒勒·凡尔纳创作的科幻小说,作品中“遭冰山封路”“陷缺氧危机”“海底观美景”“征服‘星期五’收为奴仆”等情节极富幻想、引人人胜。

D.《三峡》选自《水经注》,作者是北魏地理学家郦道元;《与朱元思书》选自《艺文类聚》,作者是南朝梁文学家吴均;两篇文章都是描写山水的佳作。

5.(2016•山东青岛)阅读下面的文字,回答问题。

尼摩艇长说:“教授,我曾经注意到,在红海和地中海中有某些完全相同的鱼类。我确定了这个事实,我就问,在这两个海中间是不是有交通路线的存在。如果有,地下水流因为两海的水平面不同,必然要从红海流到地中海。我在苏伊士附近打了很多鱼。我 把铜圈套在鱼尾上，再把鱼放入海中。几个月后，在叙利亚海岸，我找到了一些从前放走的鱼尾上有铜圈的鱼。两海之间有路可通的想法得到了证明。我利用诺第留斯号去找寻这条通道，终于把它发现了，也冒险走过去了！教授，不久您也要通过我的海底地道了！”

下列各项中，填入空格正确的一项是(　　)

选文出自____________的著作《____________》，这段文字的主要内容是尼摩艇长告诉教授____________。

A. 法国作家凡尔纳　海底两万里　他认为红海和地中海之间有海底地道

B. 英国作家乔纳森·斯威夫特　格列佛游记　他在叙利亚海岸发现了他之前放走的鱼

C. 法国作家凡尔纳　海底两万里　他发现红海和地中海之间海底地道的经过

D. 英国作家乔纳森·斯威夫特　格列佛游记　他准备带教授穿行海底地道

6.（2016·浙江宁波）名著阅读。

从下列选项中选择两项，结合具体故事情节分析人物形象或谈谈阅读感悟。

A. 孙悟空三打白骨精(《西游记》)

B. 尼摩艇长血搏章鱼(《海底两万里》)

C. 周进哭贡院(《儒林外史》)

D. 秃鹤演伪军连长(《草房子》)

（1）我选__________，__________

（2）我选__________，__________

7.（2015·贵州安顺）班级准备开展“名著伴我行”读书活动，为了向小伙伴们推荐书目，请你完成下列填空：

如果你喜欢探索，建议你阅读凡尔纳的____________(填作品)，因为它可以开启你的科学与幻想之旅；如果你追求更高的生活境界，建议你阅读____________(填作者)的《简·爱》，因为它是人生追求的二重奏；如果你渴望再回童年，建议你阅读冰心的《繁星》《春水》，因为它歌颂了＿＿＿＿＿＿＿＿(填主题)；如果你想高举理想主义的旗帜，建议你阅读《钢铁是怎样炼成的》，因为具有献身精神、钢铁意志和顽强奋斗品质的＿＿＿＿＿＿＿(填主人公)将伴你同行……

8.(2015•湖北黄石)下列有关文学常识的表述有误的一项是 (　　)

A.《雪》是鲁迅先生散文诗集《野草》中的名篇，文章描写了江南与北方的雪景，并在比较中表明了自己的倾向——更为欣赏"朔方的雪"。

B.唐代诗人李白的《行路难(其一)》借乐府古题抒发了怀才不遇的情感。

C.《范进中举》出自《儒林外史》，文中运用夸张的手法生动地刻画了范进喜极而疯的形象。

D.《海底两万里》的作者是法国作家法布尔，他被公认为是"现代科学幻想小说之父"。

9.(2015•山东泰安)下列文学常识表述错误的一项是(　　)

A.《范进中举》选自我国清代长篇讽刺小说《儒林外史》，作者是小说家吴敬梓。

B.《纪念伏尔泰逝世一百周年的演说》的作者是法国作家雨果，他的代表作品有小说《巴黎圣母院》《悲惨世界》等。

C.《史记》是我国第一部纪传体通史，主要写诸侯之事，其中也包括对诸如长勺之战等著名战例的精彩描述。

D.凡尔纳被公认为是"现代科学幻想小说之父"，他的《海底两万里》主要讲述诺第留斯号潜艇的故事，描绘了人们在大海里的种种惊险奇遇。

参考答案

1．C

2．B【解析】A项具有“鄙视自私贪婪、同情不幸、憧憬美好生活”性格的正直少年应是阿廖沙；C项生物学家应是阿罗纳克斯，而非尼摩艇长；D项煮酒论英雄涉及的人物是曹操和刘备。

3．D

4．C

5．C

6．A。【示例1】师徒取经途中，白骨精先后变作少女、老妇人、老公公，都被孙悟空识破。孙悟空不顾师傅念咒阻拦，终将白骨精打死，刻画了悟空神通广大、嫉恶如仇、勇敢无畏的形象。【示例2】白骨精三次变化都没有逃过悟空的火眼金睛，虽然师父念咒阻拦，悟空终将白骨精打死。在现实生活中，对于那些善于伪装的人，我们要擦亮眼睛，识破他们的本来面目，并与他们斗争到底。

B。【示例1】章鱼（枪乌贼）的下颚骨撞进了“鹦鹉螺号”的轮叶，使其不能行动。全船的人与章鱼展开了搏斗，当章鱼正要将内德·兰德咬为两段时，尼摩艇长用斧子砍章鱼两排巨大的齿牙，从而救了内德·兰德，说明尼摩艇长是一个勇敢无畏、关心船员的船长。【示例2】尼摩艇长和船员们跟章鱼展开了殊死搏斗，最终战胜了章鱼，却失去了一位同伴。这个悲壮的故事让我明白了在强大的对手面前，要勇敢无畏。

C。【示例1】周进苦读几十年，却连秀才也没考取，当他走进贡院，痛哭不止，满地打滚，口吐鲜血。他深受科举制度的毒害，醉心功名，在身体和精神上受到双重扭曲。【示例2】周进参观考试的贡院，痛哭不止，口吐鲜血，可当他听说众人愿意集资帮助他，他连连磕头，竟又能说能笑，从中我看到一个畸形的扭曲的灵魂，可悲可叹！

D。【示例1】当柳三下不愿演秃头的伪军连长时，秃鹤承担了这个任务，刻苦排演，演得十分精彩。秃鹤战胜了内心的自卑，敢于正视自己的缺陷，勇于担当，认真负责。【示例2】因为头秃而被称作“秃鹤”

的他，一直渴望平等，希望融入集体并被人重视。当无人演秃头的伪军连长时，他主动提出让他来试试。最后，他通过自己的努力获得了大家的尊重与理解。在现实中，我们也会遭遇像秃鹤一样的困境，应向他学习，直面孤独，突破困境，这样才能不断成长。

7.《海底两万里》 夏洛蒂·勃朗特 母爱、童真、自然 保尔·柯察金

8. D

9. C